DOLORES FIUSA
MARIE-JOSETTE KEHL
FRANÇOIS WEISS

En effeuillant la marguerite …

*Exercices d'entraînement à la compréhension
et à l'expression orales*

Cahier de l'élève

LANGENSCHEIDT-HACHETTE

Illustrations: Claude Lacroix

ISBN 2.01.006060.1

© 1978 Langenscheidt-Hachette GmbH, München
© 1979 Hachette S.A. – 79, boulevard Saint-Germain, F 75006 Paris

TABLE DES MATIÈRES

Note de l'éditeur: Les usages typographiques suivis pour l'édition originale allemande ont été maintenus.

I. ACTES SOCIAUX

»Salut, ça va?«

1. **Dialogues: Salutations**

2. **Exercice d'association**

a) Déterminez image par image quels sont les personnages représentés (profession et relation des personnages entre eux).

b) Choisissez, parmi les formules ci-dessous, celles que peuvent utiliser les personnages en se rencontrant et en se quittant:

Bonjour!
    A ce soir!
Bonjour, Madame!
    Ça va?
Bonjour, Gustave!
    Salut mon vieux!
Je vais bien.
    Bonjour, Madame Lemoine!
Bonjour, Simone! Comment ça va?
    Allez, ciao!
Je vous dis au revoir.
    Bonjour, Ginette!
Bonjour, patron!
    A un de ces jours. Adieu!
Bonsoir, mon vieux!

Comme d'habitude.
    A tout de suite!
Bof!
    Salut!
Vous allez bien?
    Bonjour, toi!
A demain!
    Bonjour, cher ami!
Au revoir!
    Bon, j'y vais.
Comment ça va ce matin?
    Allez, à bientôt!
Au revoir. A la prochaine.
    Bonjour, Monsieur Legrand.

3. Création de dialogues

4. Conversations téléphoniques

5. Exercice à une entrée – invitations par téléphone

6. Création de dialogue – inviter quelqu'un par téléphone

7. Exercice d'association

Répondez aux invitations suivantes en choisissant parmi les réponses proposées:
a) Tu es chez toi ce soir?
b) Passez donc prendre l'apéritif dimanche.
c) On pourrait jouer aux boules samedi.
d) On va prendre un pot? (fam.)
e) Vous prendrez bien quelque chose avec moi?
f) On va au cinéma, viens, je t'invite.
g) Si j'allais en Bretagne, tu viendrais avec moi?
h) Si j'arrive à avoir des places pour la finale, ça t'intéresserait de venir?
i) Qu'est-ce que vous faites ce soir?
j) Je vais chez Martine, tu veux venir?

Choisissez la ou les réponses qui vous paraissent les plus justes:

Ce n'est pas une mauvaise idée.
  Oui, d'accord.
Ah non, ça ne me dit rien.
  Où ça? (fam.)
Ah non, pas aujourd'hui.
  Oui, si tu veux.
On ne pourrait pas jouer dimanche?
  Ah bon!
Avec plaisir. A quelle heure?
  Oui, pourquoi?
Je n'aime pas l'apéritif.
  Oui, pourquoi pas?
C'est dommage, on n'est pas là
dimanche.
  Ça dépend . . .
Oh! Je ne sais pas encore.

Volontiers!
  Ah, ce soir ça ne va pas.
  Si tu veux.
Ah non! Je n'ai pas envie
d'aller chez elle.
  Je verrai.
  Ah oui, alors! (fam.)
J'en ai pas tellement envie. (fam.)
  Oui, j'aimerais bien.
Ah non, ce soir ça ne va pas. Je suis
pris.
  Je n'aime pas le foot.
C'est gentil de ta part, mais je ne suis
pas libre.
Ça m'embête, on ne pourrait pas faire
ça un autre jour? (fam.)

8. Canevas pour une soirée

9. Exercice d'association (souhaits – vœux)

Qu'est-ce que vous dites
à l'occasion

d'une naissance
d'un anniversaire
de la fête de Noël
d'une fête
du Nouvel An
d'un mariage

d'un décès (deuil)
d'une réussite, succès (examen, avancement)
en cas de maladie
avant les vacances
avant la fin de semaine (week-end)
à quelqu'un qui éternue

à quelqu'un qui va au théâtre, le soir
au moment de trinquer
à quelqu'un qui a beaucoup de travail

à Pâques
à quelqu'un qui va passer un examen
à quelqu'un qui part en voyage?

Tous mes vœux!
Tous nos vœux de bonheur!
Bonne fête, François!
Bon anniversaire!
Félicitations!
Mes sincères condoléances!
Je vous présente mes condoléances!
Bonne fin de semaine!
Bon week-end!
Bonnes vacances!
Bon voyage!
Meilleure santé!
Prompt rétablissement!
Joyeux Noël!
Bonne année!

Bon courage!
Bonne chance!
Amuse-toi bien!
Bonne soirée!
Joyeuses Pâques!
A vos souhaits!
Bonne continuation!
A tes amours!
A votre santé!
A la tienne!
A la vôtre!
Tchin, tchin!
A la nôtre!

Qu'est-ce que vous répondez?

Merci, à vous aussi!
   Merci, toi aussi!
Merci beaucoup.
   Je te remercie.
Je vous remercie.

C'est gentil d'y avoir pensé.
Merci, tu penseras à moi.
Oh! J'ai eu de la chance.
Je suis touché que vous soyez venu.

II. PRISE DE POSITION

»Moi, je pense que . . .«

---

1. Moyens linguistiques de prise de position – ce qu'on peut dire

2. Choix d'une activité commune

3. Pour ou contre la télévision?

8

4. Interviews – sur les travailleurs immigrés – A quel âge les jeunes devraient-ils se marier – Tu fumes, toi?

🔲

5. Interview sur le tabac et exercices

🔲

6. Exercice écrit: puzzle

Essayez d'accorder les répliques suivantes entre elles, de façon à obtenir huit mini-dialogues différents. Cherchez à identifier les personnages et l'endroit où ils se trouvent.

Première personne:

1. Alors, Dubois, on ne s'est pas réveillé ce matin?
2. Ecoute, ça fait une demi-heure que j'attends, j'ai horreur de ça! (fam.)
3. Je n'aime pas les gens qui arrivent en retard.
4. On t'a encore attendu une heure!

5. Te voilà enfin, c'est pas trop tôt! Les enfants meurent de faim!
6. C'est à cette heure-là que tu rentres?
7. Mademoiselle, vous avez vu l'heure qu'il est?
8. T'exagères, t'arrives toujours en retard. (fam.)

Deuxième personne:

A C'est pas de ma faute, j'ai crevé en route. (fam.)
B Ben quoi, j'ai pas pu partir plus tôt! (fam.)
C C'est pas si tard que ça, papa! (fam.)
D Ecoute, mon chéri, sois pas fâché! (fam.)
   Et moi qui me suis tellement dépêchée!

E Monsieur, ma mère a oublié de me réveiller.
F Excusez-moi, Monsieur, je n'ai pas entendu mon réveil ce matin.
G Monsieur le directeur, je suis désolé, il m'a fallu une demi-heure pour trouver à me garer.
H Je suis désolé. J'ai été retenu au bureau.

Première personne:

a. Bon, à table tout de suite.
b. Bon, va t'asseoir.
c. Vous feriez mieux de prendre le métro.
d. Ah! tu ne changeras jamais!

e. Il serait temps d'en acheter un autre, Mademoiselle.
f. Il est quand même onze heures! Allez, va te coucher.
g. Oh! ça va!
h. Bon, allez, on y va.

Qui est-ce?

Moi, je pense que . . .
Moi, je crois que . . .

Qu'est-ce que c'est?

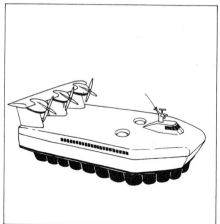

Moi, Je pense que c'est un . . .
C'est peut-être un . . .

Ça sert à quoi?

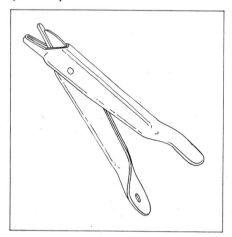

Moi, je crois que ça sert à . . .
C'est sans doute . . .

Qu'est-ce qu'elles sont en train de faire?

Moi, je pense que . . .
A mon avis ce sont . . .
D'après moi, elles . . .

8. Que pensez-vous des slogans suivants:

- Les travaux ménagers sont passionnants.
- La place de la femme est au foyer.
- La cuisine allemande est la meilleure du monde.
- Les médecins ne sont pas assez payés.
- Les professeurs ont trop de vacances.
- Les étudiants ont la belle vie.
- A l'école on n'apprend rien.
- Il n'y a de véritable bonheur que dans le mariage.
- La campagne c'est bon pour les vaches.
- La vie commence à 40 ans.

9. Opinion et appréciation: exercice d'identification

10. Opinion et appréciation: justification d'un choix – choisir un objet et dire pourquoi

11. Opinion »à propos de« (d'un événement par ex.)

12. Les animaux à la maison

13. Création en tandems de mini-dialogues (»J'aime le camembert, et toi?«)

14. Exercice de créativité lexicale et définition des mots inventés (noms d'animaux)

15. Choix d'une activité commune: un programme de télévision

Essayez de vous mettre d'accord sur les programmes de la soirée que vous offrent ces différentes chaînes:

TF 1
20 h Actualités
20.30 h »L'aile ou la cuisse«. Un film avec Louis de Funès
22 h Le monde de l'accordéon
22.30 h Cinéma de minuit:»Le dernier tango à Paris« avec Marlon Brando et Maria Schneider. Interdit aux moins de 18 ans.
24 h Actualités

A 2
20 h Variétés numéro un. Ce soir: Johnny Halliday
21 h Jeux sans frontières. Demi-finale: Caen-Rosenheim (RFA)
22.30 h Jubilé de la reine d'Angleterre Eurovision
24 h Actualités

FR 3
20 h Football: retransmission de la demi-finale de la coupe d'Europe A.S. St. Etienne × F. C. Bayern Munich
21.45 h Au théâtre ce soir: Le Rhinocéros de Ionesco
23 h Magazine Auto-Moto
23.30 h Actualités

16. Quelle est votre opinion?

– Essayez d'identifier les quatre édifices publics représentés ci-dessous.
– Lequel préférez-vous?
– Essayez de les comparer.

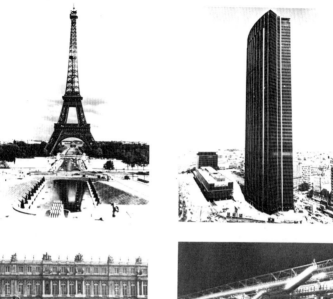

' Photos Süddeutscher Verlag, München.

III. SENTIMENTS

»Je t'aime – un peu – beaucoup – passionnément – à la folie – pas du tout...«

1. **Réaction immédiate** (sentiments, sensations, états d'âme)

2. **Exercices sur images**
a) Décrivez les personnages dans les images suivantes. Qui sont-ils? Où sont-ils? Que font-ils?
b) Essayez de décrire leurs sentiments.
Cherchez parmi les phrases suivantes celles que les différents personnages pourraient utiliser pour exprimer leurs sentiments ou leurs souhaits.

12

Reviens vite
Tu vas me manquer
Je suis triste
Fiche le camp (fam.)
Va-t'en!
J'aimerais que tu restes
Tu m'exaspères
Amuse-toi bien
Bonnes vacances!
Je te déteste

Tu m'as manqué
Je t'aime
Tu me dégoûtes
Tu me plais
Je t'aime bien
Je suis amoureux de toi
Tu m'énerves
Je te tuerais
Je t'adore
Tu me casses les pieds (fam.)

Tu me manques
Tu m'emmerdes (fam.)
Tu me déçois
Tu es beau
Tu m'écœures
Tu es merveilleux
Tu m'enquiquines (fam.)
Je suis heureux de te voir
Encore toi!

3. Dialogues à une entrée 📼

4. Petite histoire suivie

Racontez l'histoire illustrée dans les images suivantes.
a) Décrivez ce qui se passe.
b) Essayez d'imaginer et d'exprimer ce que les personnages pensent, ressentent et disent.

5. Exercice d'association

Lorsque quelqu'un vous plaît,
    vous énerve,
lorsque vous trouvez quelqu'un
        sympathique,

lorsque vous êtes en colère
irrité
indifférent
emballé (enthousiasmé)
excédé

– qu'est-ce que vous dites?

Elle est pas mal.
Il / elle est vraiment bien.
Il m'embête.
Elle est chouette, cette fille. (fam.)
Il me tape sur les nerfs. (fam.)
Elle est charmante.
Il est marrant. (fam.)

Il a un charme fou.
Quel imbécile!
Il est idiot.
Il exagère vraiment.
Il est formidable, ce type!
Ah! ce qu'on s'emmerde ici! (fam.)
Elle est vraiment sensationnelle.
Bof, il me laisse froid.

6. Appréciation d'un personnage

7. Interviews dans la rue 🔲

8. Exercice »ras-le-bol«

9. Réactions spontanées 🔲

Essayez de réagir aux situations suivantes:

a) Vous arrivez avec une heure de retard à un rendez-vous. Vous ne l'avez pas fait exprès. Qu'est-ce que vous dites à celui ou à celle qui vous attend?

b) Vous apprenez qu'un de vos amis – qui avait déjà trois filles – vient d'être l'heureux père d'un garçon. Vous lui téléphonez, qu'est-ce que vous lui dites?

c) Vous courez dans la rue pour attraper l'autobus, vous glissez et vous tombez dans une flaque d'eau. Qu'est-ce que vous dites?

d) Il pleut. Une voiture passe et vous éclabousse. Qu'est-ce que vous dites?

e) Vous avez réservé des places au théâtre. En y arrivant, vous constatez que vos places ont été louées à quelqu' un d'autre. Qu'est-ce que vous dites à la caissière?

f) Votre fils, qui avait beaucoup travaillé toute l'année, vient d'échouer à son bac. Qu'est-ce que vous lui dites pour le consoler?

g) Un voisin avec lequel vous avez de bonnes relations, vient d'acheter un chien qui n'arrête pas d'aboyer et qui vous empêche de travailler dans votre bureau. Vous allez voir votre voisin. Qu'est-ce que vous lui dites?

h) Les élèves au fond de la classe chahutent depuis une demi-heure, malgré plusieurs observations du professeur. Qu'est-ce qu'il leur dit alors?

i) Vous lisez dans votre journal que vous avez gagné le gros lot à la Loterie Nationale. Qu'est-ce que vous dites?

j) Un ami vous offre une place pour un concert de musique moderne. Vous vous ennuyez mortellement à ce concert. Qu'est-ce que vous dites à votre ami après le concert?

IV. DISCOURS RAPPORTE

»On m'a dit que . . .«

---

1. Compréhension: registres utilisés dans les différentes situations de communication
— Lisez et essayez de comprendre la lettre et le fait divers suivants:

a) 📼

b) 📼

Ma chère Elise,
Juste un petit mot en vitesse pour te prévenir que nous ne pourrons pas venir dimanche. Figure-toi que Marcel a eu un accident et que nous sommes sans voiture depuis hier. En rentrant hier soir, une R 16 qui arrivait sur sa gauche n'a pas respecté la priorité et l'a heurté si violemment qu'il s'est retourné et s'est retrouvé dans le fossé. Heureusement que Marcel avait mis sa ceinture. Il s'en est sorti sans la moindre égratignure mais la voiture est complètement hors d'usage. On ne pourra certainement pas la faire réparer.

Hier après-midi, vers 16.30 h au Carrefour Belle-Epine, une R 16 venant de Clamart sur la D 68 n'a pas respecté la priorité et a heurté une 2 CV qui se dirigeait vers Paris sur la RN 60. Sous l'effet du choc, la 2 CV s'est retournée et a terminé sa course dans le fossé. Le conducteur s'en est sorti indemne alors que sa voiture a subi des dégâts importants.

2. Exercice sur images

Regardez les images et racontez l'histoire.
Quel titre donneriez-vous à ce récit?

3. Faits divers

a) Samedi soir à 20.30 h, rue des Jardins, un cycliste, Monsieur Henri Thureau, domicilié 49, rue des Dahlias, a renversé un piéton qui traversait à un passage clouté. Ce dernier a été légèrement blessé.

Vous êtes témoin oculaire de cet accident.
Vous le racontez – aux gendarmes ou à la police
– à vos parents ou à un copain.

b) Racontez un accident que vous avez eu ou provoqué.

17

c) **Jeux de rôles**

d) Entre Colombey-les-deux-Eglises et Chaumont, Monsieur Jean Calviez roulait à 70 kilomètres à l'heure quand, à la sortie d'un virage, il s'est trouvé nez à nez avec une vache. Il n'a pas pu l'éviter . . .

Complétez le récit: Qu'est-ce qui s'est passé?

e) **Bulletin d'informations** 🔲

f) Essayez de décrire les images suivantes.
Imaginez le dialogue entre le premier automobiliste et le conducteur du tracteur.

4. Instructions et modes d'emploi

a) Recettes de cuisine

Lisez et essayez de comprendre les recettes suivantes:

Omelette au naturel.
Préparation: 5 mn. Cuisson: 6 mn.
6 œufs. 30 g de beurre. 5 cl d'eau. Sel, poivre.
Casser les œufs dans un saladier, y ajouter sel, poivre, l'eau, battre vivement le mélange. Faire fondre le beurre dans une poêle, le faire bien chauffer, y verser les œufs en détachant de la poêle les bords de l'omelette, laisser cuire à feu vif. L'omelette doit être dorée à l'extérieur, baveuse au centre. Plier en chausson et glisser sur un plat.

Bœuf bourguignon.
Préparation: 20 mn. Cuisson: 2 h 1/2.
700 g de bœuf. 100 g de lard salé. 50 g de beurre. 60 g d'oignons. 100 g de champignons. 30 g de farine. 3 dl de vin rouge. 3 dl de bouillon. Bouquet garni.
Couper le bœuf en morceaux. Tailler le lard en dés. Faire fondre le beurre. Y faire revenir les oignons et les lardons. Les retirer et faire dorer la viande dans la même graisse. Saupoudrer avec la farine, laisser roussir et mouiller avec le bouillon chaud. Ajouter les lardons, les oignons, le vin rouge, assaisonner, ajouter un bouquet garni. Cuire doucement 2 h 1/2. 30 minutes avant de servir, mettre les champignons coupés en petits morceaux.

Mousse au chocolat
6 personnes
200 g de chocolat fondant ou à croquer, 4 cuillerées à soupe d'eau, 100 g de beurre, 4 cuillerées à soupe de sucre glace, 4 beaux œufs très frais.
– Cassez les œufs en séparant les jaunes des blancs. Battez les blancs en neige.
– Coupez le beurre en petits morceaux.
– Cassez le chocolat en petits morceaux. Mettez-le dans une casserole avec l'eau et faites-le fondre sur feu très doux.
– Quand le chocolat est mou (vous vous en assurez en piquant chaque morceau avec la pointe d'un couteau), sans retirer la casserole du feu, ajoutez le beurre, le sucre et les 4 jaunes d'œufs. Remuez constamment jusqu'à fusion complète. Le mélange ne doit pas bouillir, le feu doit donc être très doux.
– Hors du feu, incorporez les blancs en neige à la préparation chaude, avec une cuiller de bois, en soulevant doucement la masse de bas en haut.
– Versez la mousse dans une coupe ou dans des verres à pied et conservez dans le réfrigérateur jusqu'au moment de servir.

b) Questions – débat

c) Le jeu des 20 questions

Règle du jeu: La classe est divisée en deux groupes. Un des élèves se met d'accord avec l'enseignant sur un personnage, un objet, un animal ou une plante que les deux groupes devront chercher à découvrir en posant des questions fermées, auxquelles on ne peut répondre que par oui ou par non. Chaque groupe pose des questions à tour de rôle. Le groupe gagnant est celui qui découvre en premier le personnage, objet, animal ou plante en question. Si au bout de 20 questions la solution n'a pas été trouvée, il n'y a pas de vainqueur et on choisit un nouveau personnage ou objet à deviner.

Maintenant, à vous de jouer!

d) Lecture de télégrammes

Lisez les télégrammes suivants:

– Arriverai lundi prochain Roissy vol Air France 112.

Lucien.

– Heureux anniversaire stop Lettre et cadeau suivront.

Marie-Claire

– Reçu examen stop Reviendrai dimanche.

Jacques

– Envoie vite mandat stop Suis fauché.

Michel

– Impossible envoyer renseignements directeur lycée stop Téléphonerai demain.

Alain

e) Comment faites-vous pour . . .?

– repasser une chemise?
– cirer les chaussures?
– faire un œuf sur le plat?
– danser le tango?
– faire une bonne photo?
– coudre un bouton?
– plaire aux autres?
– ne pas grossir?
– ouvrir une bouteille de champagne?

f) Fonctionnement d'appareils

5. a) Description d'un objet perdu

– Vous avez perdu ou on vous a volé votre sac à main
   votre portefeuille
   votre voiture
   votre bicyclette
   votre montre.

Vous allez à la gendarmerie ou à la police faire une déclaration de perte. On vous pose des questions et vous devez décrire l'objet perdu de la façon la plus précise.

– Vous allez au bureau des objets trouvés pour récupérer

le parapluie	les lunettes	le sachet
le chapeau	la valise	le disque
le foulard	le manteau	

que vous avez perdu(es) ou oublié(es) quelque part. Vous devez décrire l'objet perdu, de façon à convaincre l'employé du bureau des objets trouvés que vous en êtes vraiment le propriétaire.

b) Description d'une personne

Jeu: le hold-up

Quatre passants ont vu un gangster qui se sauvait après avoir cambriolé une bijouterie.

A la police, ils font les descriptions suivantes du gangster:

1er passant: »Il était petit, il portait des lunettes noires, une casquette et un imperméable gris clair.«

2ème passant: »Il était de taille moyenne, il portait des lunettes noires, un imperméable gris foncé et il avait les cheveux châtains.«

3ème passant: »Il était petit, il portait des lunettes, un chapeau, un imperméable gris clair.«

4ème passant: »Il était assez grand, il portait des lunettes noires, une casquette et un manteau noir.«

Quel est, d'après vous, le signalement exact du gangster? Retrouvez les détails communs qui apparaissent dans les quatre descriptions.

6. Transmission d'un message téléphonique 📼

I. Ecoutez les conversations téléphoniques enregistrées.

II. Essayez de transmettre les messages suivants au téléphone: Supposez que vous partagez le même appartement avec un ou une amie. En rentrant vous trouvez un message dans la boîte aux lettres. Votre ami(e) ne rentrera pas ce soir. Vous lui téléphonez pour lui transmettre le message.

»Chère Annie, je suis passée trois fois, tu n'étais pas là. Veux-tu m'appeler ce soir? Nicole.«

»Cher Alain, je suis à Paris depuis hier, chez une amie. Tu pourras me joindre au numéro suivant: 5 88 64 12, de préférence le matin. Salut. Gisèle.«

»Chère Geneviève, je serai ce soir à »La Gentilhommière« entre 9 et 10 heures. Si tu as le temps de passer, on pourra discuter un peu. Bise. Gilbert.«

III. Jeu: transmission d'un message oral.

7. Structure d'un récit

Sur le modèle
Jacques (1) est tombé (2) hier soir (3) en faisant du vélo (4). Il s'est cassé la jambe (5), trouvez 6 exemples similaires.

1) Qui	2) a fait quoi
1–	1–
2–	2–
3–	3–
4–	4–
5–	5–
6–	6–

3) **Quand**	4) **Comment**
1–	1–
2–	2–
3–	3–
4–	4–
5–	5–
6–	6–

5) **Avec quelles conséquences**

1–
2–
3–
4–
5–
6–

V. DEMANDE

»Je voudrais . . .«

---

1. Création de dialogues

2. Dialogues à une entrée 🔲
a) –
    Bonjour, Monsieur.
    –
    Pour une seule personne?
    –
    Pour combien de nuits?
    –
    Il me reste une petite chambre à 1 lit au quatrième ou alors une chambre avec salle de bains au premier étage.
    –
    La chambre du quatrième est à 35 F et celle du premier à 65 F.
    –
    Bien entendu, il est compris.
    –
    Naturellement, je vais vous la montrer.

b) –

Bonjour, Madame Leroux. Qu'est-ce qu'il vous faut aujourd'hui?

–

Et avec ça?

–

En poudre ou en morceaux?

–

C'est tout ce qu'il vous faut?

–

J'ai de très belles cerises et des abricots.

–

Elles sont à 8 F le kilo.

–

Ils coûtent 6 F le kilo.

–

Ça fait 23,50 F.

c) –

Oui, il y en a un à 18.30 h.

–

Oui, il est direct.

–

Il arrive à Metz à 19.30 h.

–

Si, il y en a un à 20.30 h, mais il n'est pas direct.

–

Il faut changer à Nancy.

–

Il arrive à Metz à 22.30 h.

3. **Dialogues** (Où se trouve la rue Lhomond? – Le plein s'il vous plaît – Vous avez réservé?) 📼

4. **Brain-storming:** Où passer la nuit?

5. **Exercice sur images**

Regardez les 8 images suivantes.

Vous avez ci-dessous 8 réponses qui sont données par 8 personnes différentes. Attribuez-en une à chaque personne et trouvez ensuite la question correspondant à cette réponse.

1) Non, mais je peux vous emmener jusqu'à Dijon.
   2) Oui, mais pas le pourboire.
3) Aujourd'hui le dollar est à 4,90 F.
   4) Avec ou sans filtre?
5) Non, nous n'avons que des journaux français.
   6) Non, je préfère y aller toute seule.
7) Ah non! Il vous faut un pneu neuf.
   8) Oui, il y en a un juste à côté du terrain de football.

6. Indication d'un itinéraire

7. Comment demander (registres)

Vous demandez à un ami

à votre fils/fille	de fermer la porte
à votre mari/femme	d'apporter un verre d'eau
à votre père/mère	d'aller acheter des cigarettes
à un invité	d'éteindre la lumière
à votre patron	d'aider à porter votre valise
à votre professeur	de faire la vaisselle.
à un inconnu	

Pouvez-vous demander à chacune de ces personnes de vous rendre chacun de ces services?

8. Petites annonces: offres – demandes

a) Urgent: couple cherche J. F. de confiance pour garder jumeaux 18 mois. Pas de ménage. Tél. 90 31 55 à partir de 18 h.

b) La section française Amnesty International cherche une dactylo professionnelle plein temps, salaire 2400 F par mois. S'adresser à: Amnesty International, section française, 18 rue de Varenne, 75007 Paris, ou tél. 504 12 14.

c) Cherche J. F. ayant la passion des bêtes pour garder troupeau de moutons à l'année. Tél. après 18 h. 805 90 53.

d) Particulier vend mini-bus Fiat entièremt. équip. camp. 4 lits bon état. Prix à débattre. écrire M. G. Dalgalian 6 rue des Pins 85680 – La Guérinière.

e) Vends guitare espagnole état neuf prix intéressant. Tél. 602 91 73.

f) J. F. 21 ans mère célib. 1 enf. épouserait M. sérieux 30 ans max.

g) Hôtel cherche réceptionniste parlant anglais, allemand. Service 6 h. par jour. Se présenter Hôtel Lutetia de 16 à 20 h.

h) Etudiant donnerait leçons anglais domicile classes secondaires 20 F heure Tél. 80 52 46.

i) Cél. 31 a. b. phys. cadre sup. sport. catho. 1,83 m ch J.F. jolie, sensible, aimant vie gr. air. Photo souhaitée. Ecrire journal ref. 68901.

j) Ile St Louis 2 p. cuis. bains, WC, 52 m², 5è etg, tt cft. tél. balc. Sud tél. 331 81 11.

k) Anc. ferme aménagée 80 km Paris ouest prox. autoroute tt cft. 8 p. + grange + dép. 22 000 m² Crédit possible, tél. 757 62 02.

l) J. couple souhaitant fuir ville cherche communauté ferme camp. vie naturelle culture biol. élev. moutons. S. Lieutaud 7 rue Nicolas Roret 75013 Paris.

m) Vacances actives en Bourgogne. Stages de tissage, atelier photo, guitare, équitation, écologie. Domaine Beaumanoir 21360 Arnay-le-Duc, tél. (80) 46 21 22.

VI. CONFLITS ET RECLAMATIONS

»Je suis désolé, mais ...«

1. **Sensibilisation** – situations vécues

2. **Dialogues** (A l'école – Le service de réclamations du Grand Magasin de France – Dans l'escalier) 📼

3. **Exercice sur images**

Regardez les images suivantes:

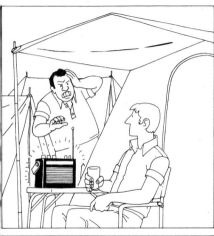

Essayez d'expliquer la situation de chacune de ces images.
Que peuvent se dire ces personnages?

4. Jeux de rôles (Conseil d'élèves – Conseil de parents – Conseil de famille – Protesta
tion collective, etc.)

f) Tracts – slogans

A quelle occasion ou dans quelles manifestations ces tracts et ces slogans pourraient-ils
être utilisés?

– Si l'inégalité des salaires vous révolte
   Si vous êtes pour une plus grande justice sociale
   Si vous voulez construire une société plus fraternelle
   Adhérez au P C F.
   Grande réunion d'information
   Samedi 16 Novembre.
   Grande Salle de la Mutualité

– Pour une ville plus propre
   Pour une ville plus verte
   Pour une ville sans bruit
   Pour une ville où l'on puisse flâner
   Pour rendre Paris aux Parisiens
        Votez écologiste.

– Des vélos, pas d'autos!

– Oui à l'énergie solaire!
   Non à l'énergie nucléaire!

– Non au Concorde!

– Halte à l'inflation!

– A bas le racisme!

– La Bretagne aux Bretons!

– Vive le Québec libre!

VII. TESTS ET EXERCICES DIVERS

1. Test

Marquez d'une croix la réponse correcte:

I. Vous dites

a) Salut!
   1. en sortant de chez l'épicier
   2. en voyant un ami
   3. le jour de l'anniversaire de votre patron

b) A votre santé!
   1. à quelqu'un qui est malade
   2. le jour de l'anniversaire d'un ami
   3. en trinquant
c) Bonne continuation!
   1. à quelqu'un qui est en train de travailler
   2. à quelqu'un qui est à l'hôpital
   3. à quelqu'un qui part en voyage
d) Bonne fête!
   1. à quelqu'un qui se rend à une surprise-partie
   2. à Noël
   3. le jour de la fête d'un parent ou d'un ami
e) Volontiers
   1. à quelqu'un qui vous offre un cadeau
   2. à quelqu'un qui vous offre un verre
   3. à quelqu'un qui vous rend un service
f) Je vous en prie
   1. en saluant une personne âgée
   2. en faisant une prière à l'église
   3. à quelqu'un qui vient de vous remercier
g) Ne quittez pas
   1. à une amie qui s'en va
   2. au téléphone
   3. lorsque vous prenez une photo
h) Bof!
   1. lorsque vous avez trop mangé
   2. lorsque vous êtes souffrant
   3. lorsque vous n'avez pas d'opinion précise.
i) A la prochaine!
   1. en disant au revoir à un ami .
   2. en saluant votre voisine
   3. à quelqu'un que vous allez revoir quelques heures plus tard.
k) De rien!
   1. lorsque vous n'avez plus faim
   2. lorsqu'on vous demande un service
   3. lorsque quelqu'un vous a dit merci.

II. Vous dites

a) Entendu!
   1. lorsque vous avez compris un problème
   2. à quelqu'un qui est sourd
   3. lorsque vous êtes d'accord.

b) Je m'en fiche
   1. lorsque quelque chose vous est égal
   2. lorsque vous êtes enthousiasmé
   3. lorsque vous avez envie de partir.

c) Je regrette
   1. lorsque vous êtes très triste
   2. lorsque vous ne pouvez pas faire ce que l'on vous demande
   3. lorsque vous avez très mal.

d) Chic alors!
   1. lorsque vous voyez un homme élégant
   2. lorsque votre voiture tombe en panne
   3. lorsqu'une idée vous enthousiasme.

e) Sans doute
   1. lorsque vous êtes absolument sûr de quelque chose
   2. lorsque quelque chose vous paraît probable
   3. lorsque quelqu'un vous a convaincu.

f) Je veux bien
   1. lorsque vous voulez être poli
   2. lorsque vous voulez absolument obtenir quelque chose
   3. lorsque vous acceptez quelque chose.

g) Tu veux rire!
   1. à quelqu'un à qui vous voulez raconter une histoire drôle
   2. à quelqu'un avec qui vous n'êtes pas entièrement d'accord
   3. à quelqu'un à qui vous proposez de passer une soirée amusante.

h) On verra
   1. lorsque vous ne voulez pas donner une réponse définitive
   2. lorsque vous voulez convaincre quelqu'un
   3. lorsque vous promettez quelque chose à quelqu'un.

i) Chouette alors!
   1. lorsque vous êtes d'accord
   2. lorsque vous avez bien mangé
   3. lorsqu'une proposition ne vous plaît guère.

k) Rien à faire
   1. lorsque vous avez fini votre travail
   2. lorsque vous refusez catégoriquement
   3. lorsque vous vous ennuyez.

III. Vous dites

a) C'était très chouette!
   1. en sortant d'un spectacle qui vous a plu
   2. lorsque quelqu'un vous plaît
   3. en sortant de chez le dentiste.

b) Ça ne me fait ni chaud ni froid
   1. lorsque la température change
   2. lorsque quelque chose vous laisse indifférent
   3. lorsque vous êtes déprimé.

c) J'ai le cafard
   1. lorsque vous êtes triste
   2. lorsque vous êtes seul
   3. lorsque quelqu'un vous énerve.

d) J'en ai assez!
   1. lorsque vous avez bien mangé
   2. lorsque vous n'en pouvez plus
   3. lorsque vous avez suffisamment dormi.

e) Il me tape sur les nerfs
   1. lorsque quelqu'un est nerveux
   2. lorsque quelqu'un vous intimide
   3. lorsque quelqu'un vous énerve.

f) Il faut arroser ça
   1. lorsqu'il fait très chaud
   2. pour fêter un succès
   3. lorsque vous avez soif.

g) Je suis crevé (fam.)
   1. lorsque vous êtes très fatigué
   2. lorsque vous tombez en panne
   3. lorsque vous êtes très malade.

h) C'est pas mal (fam.)
   1. lorsque vous êtes enthousiasmé
   2. lorsque quelque chose vous plaît
   3. lorsque vous n'êtes pas content.

i) C'est dommage!
   1. lorsque vous voyez un accident
   2. lorsque vous approuvez quelque chose
   3. lorsque vous regrettez quelque chose.

j) Zut alors!
   1. lorsque vous êtes contrarié
   2. lorsque vous êtes content
   3. lorsque vous quittez un ami.

2. Micro-conversations

Modèle:
a) − Viens dire bonjour à *ta tante*.
   − Non, je n'en ai pas envie.

– Ecoute, sois gentil! *Elle* sera tellement *contente.*
– Bon, si tu insistes, j'y vais.

Remplacez »ta tante« par: cousines, oncle, grands-parents, parrain, marraine, cousin.

b) – Vous reprendrez bien *une tranche de rôti,* Monsieur?
   – Volontiers, Madame, *il est* excellent.
   – Voilà, servez-vous.
   – Merci beaucoup, Madame.

Remplacez »une tranche de rôti« par: un morceau de poulet, un peu de salade, des légumes, des frites, un peu de potage.

c) – *Il* t'a plu, *ce film?*
   – Oui, c'était bien.
   – Et *Robert,* il l'a vu?
   – Oui, et *il lui* a beaucoup plu aussi.

Remplacez »ce film« par: cette pièce, cette exposition, ces tableaux, cet opéra, ces dessins animés, cette émission;
»Robert« par: Jeanne, tes parents, ton frère, ta sœur, Pierre, ta cousine.

d) – *Elle* est vraiment belle, *ta voiture!*
   – *Elle* te plaît?
   – Oui, *elle est* très *jolie.*
   – Tu sais, *elle n'était* pas *chère.*
   – Combien tu *l'*as *payée?*
   – *3500* F.

Remplacez »ta voiture« par: chaussures, sac, chemise, robe, costume. Inventez chaque fois le prix.

e) – Tu aimes *la cuisine française?*
   – Oui, mais *la nôtre* n'est pas *mauvaise* non plus.
   – Et *laquelle* préfères-tu?
   – Ben . . . *celle* de chez nous.

Remplacez »la cuisine française« par: la pâtisserie française, le café français, les vins français, le pain français, les fromages français.

f) – Tu as vu *Brigitte? Elle* est *furieuse.*
   – Qu'est-ce qu'*elle* a?
   – Je n'en sais rien. Va *lui* demander.
   – Oh non! Il vaut mieux *la* laisser *toute seule.*

Remplacez »Brigitte« par: Anne, Pierre, ton père, tes sœurs, les parents, ton frère.

g) – Qu'est-ce que *Martine* (1) *a* fait hier?
   – *Elle est allée au cinéma* (2) avec *sa sœur* (3).
   – Et *Pierre?* (4)
   – *Il est resté* chez *lui.*

Choisissez parmi les différentes possibilités:

(1)	(2)	(3)	(4)
tu	piscine	ami	Marie
vous	ville	mari	tes copains
tes parents	Paris	amis	toi
Jean		enfants	

h) – Qu'est-ce qu'*il dit* (1)?
   – *Il dit* qu'*il va* aller chez *son frère* (2).
   – Et qu'est-ce qu'*il va* faire chez *lui?*
   – Mais, je ne sais pas ce qu'*il va* faire chez *lui.*

Choisissez parmi les différentes possibilités:

(1)	(2) .
ils disent	mère
elle a dit	vous
vous dites	parents
vous avez dit	cousines

3. Réactions spontanées 📼

4. Exercices de créativité: Si j'étais riche . . .

5. Comparez ces deux faits divers:

**Collision
Dans le métro de Chicago**

**ONZE MORTS
ET DE NOMBREUX BLESSES**

Chicago (A.F.P., U.P.I.). – Le bilan d'un accident qui s'est produit sur la ligne du métro aérien dans le centre de Chicago vendredi 4 février s'élevait samedi matin à onze morts et plus de deux cents blessés, dont une dizaine sont dans un état critique. Une rame du métro a heurté une autre rame arrêtée entre deux stations alors que la visibilité était réduite par une tempête de neige. Trois voitures ont déraillé et se sont écrasées dans la rue, 10 mètres en contrebas. Une quatrième voiture est demeurée suspendue dans le vide.

○ *Collision dans le métro.* – Une rame de voyageurs est entrée en collision jeudi 3 février peu après 9 h. 30 avec une rame vide entre les stations Gare-de-l'Est et Gare-du-Nord, provoquant un double déraillement. Quelques voyageurs ont été légèrement contusionnés au cours de cet incident, qui a principalement provoqué des dégâts matériels. La raison de la collision n'a pas été déterminée. La R.A.T.P. a provisoirement interrompu le trafic entre les stations Gare-du-Nord et République.

(Le Monde, 5 févr. 1977)

6. Gros titres

D'après vous, dans quels journaux pourraient figurer ces gros titres?
Quel genre de public achète et lit ces différents journaux?

SORAYA VA-T-ELLE ENFIN TROUVER LE BONHEUR?

EN JUILLET, LEGERE AUGMENTATION DU NOMBRE DES CHOMEURS

UN »AIRBUS« D'AIR FRANCE DETOURNE

ENFIN, UN FRANÇAIS A GAGNE LE TOUR DE FRANCE

COUP D'ETAT MANQUE EN OUGANDA

12ᵉ ETAPE: THURAU GARDE LE MAILLOT JAUNE

CRISE AUX PAYS-BAS

REDRESSEMENT DU DOLLAR

INONDATIONS CATASTROPHIQUES DANS LE SUD-OUEST

7. Slogans

Oui à la France qui invente
Oui à la France qui ose
Oui à la France qui gagne
Oui à la France du bon sens
Oui à une France libre
Oui à une France fraternelle.

Si vous aviez à illustrer le sens de ces slogans, quelles images choisiriez-vous?
Quelle tendance politique révèlent ces slogans?

8. Publicité: voyages

Choisissez le voyage que vous aimeriez faire.

36

9. Test: Connaissez-vous la France et les Français?

Marquez d'une croix la réponse correcte:

1. Le Mont Saint-Michel se trouve
   a) en Bretagne
   b) en Normandie
   c) en Vendée

2. Le chef du village d'Astérix s'appelle
   a) Assurancetourix
   b) Agecanonix
   c) Abraracourcix

3. Une voiture ayant la plaque d'immatriculation 7426 PX 75 vient du département suivant
   a) Rhône
   b) Seine
   c) Loire-Atlantique

4. La bouillabaisse est une spécialité
   a) alsacienne
   b) provençale
   c) basque

5. Le Saint-Emilion est un
   a) Bordeaux
   b) Bourgogne
   c) Beaujolais

6. Le fleuve français le plus long est
   a) la Seine
   b) le Rhône
   c) la Loire
   d) la Garonne

7. Les paroles de la chanson »Les feuilles mortes« sont de
   a) Brassens
   b) Bécaud
   c) Prévert

8. En France les écoliers ont
   a) 17 semaines de vacances
   b) 25 semaines de vacances
   c) 12 semaines de vacances

9. Quel est le premier constructeur automobile français?

   a) Simca
   b) Peugeot
   c) Citroën
   d) Renault

10. A quoi le Français attache-t-il le plus d'importance?
    a) au logement
    b) aux vêtements
    c) à la nourriture
    d) à la voiture

11. La prison de la Bastille
    a) n'existe plus
    b) est actuellement un musée
    c) a été entièrement restaurée

12. La Ve République existe depuis
    a) 1946
    b) 1958
    c) 1968

13. Le président de la République française est élu pour
    a) 7 ans
    b) 5 ans
    c) 3 ans

14. Chartres est célèbre pour
    a) son casino
    b) sa cathédrale
    c) son musée
    d) sa moutarde

15. Quelle fédération sportive en France a le plus grand nombre d'adhérents?
    a) Fédération française de football
    b) Fédération française de cyclisme
    c) Fédération française de rugby
    d) Fédération nationale des pêcheurs à la ligne

16. En France les écoliers ne vont pas en classe
    a) le jeudi
    b) le mercredi

c) le samedi

17. Le Château d'If se trouve
   a) en Savoie
   b) sur une île en Bretagne
   c) dans la vallée de la Loire
   d) près de Marseille

18. Qui était président de la République avant Giscard d'Estaing?
   a) Mitterrand
   b) De Gaulle
   c) Pompidou
   d) Chaban-Delmas

19. En France un adulte boit, en moyenne, par an
   a) 300 litres de vin
   b) 52 litres de vin
   c) 182 litres de vin

20. Combien de médailles d'or les Français ont-ils gagnées aux derniers Jeux Olympiques (Montréal)?
   a) 1
   b) 3
   c) 7

TEXTES DES ENREGISTREMENTS

I. ACTES SOCIAUX

1. Dialogues: Salutations

a) — Tiens, salut!
   — Salut, ça va?

b) — Bonjour, toi, ça va?
   — Bof, ça va.

c) — Bonjour, Madame.
   — Bonjour, Monsieur, comment allez-vous?
   — Je vais bien, je vous remercie. Et vous-même?

d) — Ah! Madame Mercier, bonjour!
   — Bonjour, Madame Gervais! Alors, comment ça va ce matin?
   — Oh! comme d'habitude.

4. Conversations téléphoniques

a) Communication amicale
   Régine: Allô?
   Françoise: Régine? C'est Françoise.
   Régine: Salut, ça va?
   Françoise: Oui, et toi?
   Régine: Oui, ça va.
   Françoise: Dis donc, tu pourrais pas me prêter ta voiture ce soir? J'en aurais besoin pour aller chercher Jean-Pierre à Roissy.

Régine: Oui, d'accord. Tu passes la prendre?
Françoise: Oui, vers 6 heures, si ça ne t'ennuie pas.
Régine: Bon, ben, à tout à l'heure. Au revoir!

b) Communication officielle
Secrétaire: Etablissement Fougerolles.
M. Técourt: Je voudrais parler à M. Moulin.
Secrétaire: C'est de la part de qui?
M. Técourt: Monsieur Técourt.
Secrétaire: Ne quittez pas. Je vous le passe.

c) Demande de renseignement
Secrétaire: Allô? Centre National d'Art et de Culture G. Pompidou. J'écoute.
Madame X: Bonjour, mademoiselle. Je voudrais un renseignement. Le dimanche,
              vous êtes ouvert jusqu'à quelle heure?
Secrétaire: Jusqu'à 22 heures, Madame.
Madame X: Merci mademoiselle.
Secrétaire: Je vous en prie.

d) Une invitation par téléphone
  − . . . . .
  − Dites, Gérard, vous avez quelque chose vendredi soir? Nous aimerions vous avoir
    à la maison.
  − Je pense que nous sommes libres, mais attendez, je vais demander à ma femme . . .
    Allô? Non, nous n'avons encore rien de prévu pour vendredi.
  − Ah! mais c'est parfait! Alors vous pourrez venir dîner à la maison. Il y aura aussi
    les Mallandin et les Dornanaut. Vous les avez déjà rencontrés?
  − Oh! bien sûr! Nous serons ravis de les revoir.
  − Bon, alors nous vous attendons vendredi soir, à partir de 8 heures.
  − Entendu. Alors, à vendredi soir! Mes amitiés à Jean-Jacques.
  − Je n'y manquerai pas. Au revoir! A vendredi.

5. Invitations

Je vous invite à déjeuner dimanche?
Tu as envie d'aller au restaurant?
Vous accepterez bien une tasse de thé?
Je vais à la piscine. Tu viens avec moi?
Venez donc dîner à la maison.
Vous êtes libre samedi soir?
T'aurais pas envie de faire un petit tour? (familier)
Ça te dirait de faire du ski dimanche? (fam.)
Et si on allait à Deauville dimanche?
Un voyage en Italie, ça t'intéresserait?
On va au cinéma, ce soir?
Tu ne veux pas qu'on aille manger une pizza?

II. PRISE DE POSITION

4. Interviews

a) Que pensez-vous des travailleurs étrangers en France?
- Ben, vous savez . . . moi, je crois qu'on en a besoin. Vous comprenez, personne ne . . . je veux dire, les Français ne veulent plus faire le sale boulot comme les poubelles, le balayage des rues, alors, vous comprenez, les étrangers on en a besoin.
- Moi, ils me gênent pas! Tant qu'ils prennent pas mon boulot.
- Si vous voulez mon avis, et je vais être sincère . . . il faudrait tous les renvoyer chez eux, les Espagnols, les Italiens, les Arabes, tous les Noirs. Ils prennent la place des Français, on a assez de chômeurs chez nous.
- Ce que j'en pense? Ben, c'est plutôt difficile. On en a besoin, mais il ne faut laisser entrer en France que des gens qui ont déjà trouvé du travail.

b) A votre avis, à quel âge les jeunes devraient-ils se marier?
- Oh là là! Alors moi, là, j'ai pas d'opinion, j'sais pas moi, entre 20 et 25 ans.
- Le plus tard possible, à mon avis. Moi, si c'était à refaire . . . .
- Moi, je pense que pour les garçons, il faut attendre qu'ils aient fait leur service militaire, donc après 21 ans. Pour les filles, je dirais entre 20 et 22 ans.
- Si vous voulez mon avis, dans 20 ans, les jeunes ne se marieront plus, ils vivront ensemble, ça sera terrible pour les enfants. Mais que voulez-vous y faire! C'est le progrès!

c) Conversation
- Tu fumes, toi?
- Non, je fume plus.
- Ah! comment ça se fait?
- Parce que c'est mauvais pour l'estomac.
- Mais tu fumais avant?
- Ouais.
- Ça te manque pas?
- Pas tellement.
- Y a longtemps que tu fumes plus?
- Une semaine.
- Oh ben, dis donc, y a pas longtemps! Tu vas tenir le coup?
- Certainement.
- Et avant, quand tu fumais, pourquoi tu fumais?
- Parce que j'aime bien . . . ben, j'en sais rien, pourquoi est-ce qu'on fume. Des fois on aime bien fumer. Qu'est-ce que tu veux que je te dise, moi.
- Ben, ça t'apportait quoi?
- Ce que ça m'apportait? J'sais pas, moi.

5. Interview sur le tabac

a) – Pardon Monsieur, est-ce que vous fumez?
   – Oui.
   – Beaucoup?
   – Oui, trois paquets par jour.

b) – Et vous, Monsieur?
   – Moi, c'était pareil, mais j'ai arrêté complètement, il y a deux mois.

c) – Et vous, Monsieur?
   – Ah non, moi je ne fume pas!
   – Et est-ce que la fumée vous dérange?
   – Oui, énormément!

d) – Pardon, Madame. Vous croyez que le tabac est mauvais pour la santé?
   – Oh oui, sûrement!

e) – Et vous?
   – Oh! vous savez, on dit tellement de choses!

III. SENTIMENTS

3. Dialogues à une entrée

a) Allô oui . . . Bonjour, Jean-Jacques.
   –
   Comment? Les deux examens à la fois? C'est pas vrai!
   –
   Mais c'est formidable. Tu dois être très content!
   –
   Toutes mes félicitations, mon vieux! Il faut arroser ça! Tu as le temps de passer à la maison ce soir?
   –
   Très bien. Passe vers les 8 heures.
   –
   Alors, à ce soir!

b) Alors, ce permis, tu l'as eu, cette fois-ci?
   –
   Il était temps! Je te félicite quand même. Tu vas t'acheter une voiture, maintenant?
   –
   Une quoi?
   –
   Alors là, chapeau! Quand est-ce que tu l'auras?
   –
   Oh ben, ça va, c'est pas trop long. Et Pierre, il l'a eu, son permis?
   –
   C'est dommage pour lui, mais il n'a pas besoin de repasser le code, je crois?
   –
   Tant mieux pour lui! Tu pourras lui donner quelques leçons de conduite.

c) – Ah! c'est toi! Il était temps!

–

Comment, tu as eu un accident?

–

Tu n'es pas blessé au moins?

–

Ah! tant mieux! Et la voiture?

–

Qu'est-ce que tu appelles »abîmé«?

–

Quoi, pour 5000 francs de réparations? Heureusement qu'on a une assurance tous risques! Et quand est-ce qu'elle sera prête?

–

Quoi! pas avant le 15 juillet?

–

Ah là là, c'est vraiment embêtant pour les vacances.

–

Non, on a loué. Bah, tant pis! On partira en train.

7. Interviews dans la rue

a) *Est-ce que vous seriez content si un Français gagnait le Tour de France cette année?*
– Bah! vous savez, moi, je m'en fiche, que ce soit un Français ou un autre, de toute façon, moi le cyclisme, ça ne m'intéresse pas.
– Ah oui alors! Il serait temps qu'un Français gagne de nouveau. Après tout, c'est le Tour de France et pas le Tour d'Italie ni le Tour d'Espagne.
– Oh! le Tour de France, ne m'en parlez pas, c'est du cirque, c'est de la publicité et tous les coureurs sont dopés. C'est plus du sport, ça!

b) *Qu'est-ce que vous pensez du »Concorde«?*
– Il n'y a pas de quoi être fier. Il nous coûte un argent fou et qui est-ce qui en profite? Toujours les mêmes.
– C'est une belle réussite technique, Monsieur. On a eu raison de le construire. On a prouvé qu'on pouvait faire aussi bien que les Américains, sinon mieux.
– Le Concorde? Moi, les avions, vous savez, ça ne m'intéresse pas. Je roule toujours à vélo, moi. Au moins ça ne pollue pas!

c) *Est-ce que vous aimeriez que le Président de la République vienne manger chez vous?*
(N.B.: Le Président de la République, Valéry Giscard d'Estaing, a l'habitude de se rendre chez des particuliers de différentes couches sociales pour essayer de mieux les connaître.)
– Moi, je serais ravie, vous vous rendez compte, quel honneur, le président à la maison! Nous serions très heureux de l'accueillir.
– Ah! non. Moi, je serais plutôt gênée, parce que vous savez, chez nous c'est très modeste.
– Ah ben non alors! Moi, je ne marche pas. Tout ça c'est du cinéma pour impressionner les gens.

9. Réactions spontanées (voir p. 15)

(voir p. 15)

IV. DISCOURS RAPPORTE

1. Compréhension

a) Dialogue
  - T'en fais une tête, ce soir.
  - Y a de quoi! J'ai eu un accident et la voiture est complètement bousillée ....
  - Et toi, tu n'as rien eu?
  - Non, mais j'ai eu de la veine.
  - Et comment ça s'est passé?
  - J'arrivais au Carrefour Belle-Epine, je roulais normalement, je devais faire du 60, quoi. Et en plus, j'avais la priorité. J'avais bien vu la R 16 qui arrivait sur ma gauche. Je me suis dit: bon, ben, elle va s'arrêter. Rien du tout, elle a continué et elle m'est rentrée dedans, en plein dans la portière arrière. Je me suis retourné, j'ai fait deux tonneaux et je me suis retrouvé dans le fossé. Heureusement qu'il n'y avait pas d'autres voitures sur la route. Sans la ceinture de sécurité, je crois que j'y passais!
  - Et l'autre?
  - Lui, il n'a rien du tout et sa voiture non plus. Y a que son pare-choc qui en a pris un coup, mais la nôtre, elle est bonne pour la ferraille.

3. Faits divers

e) Bulletin d'information
  - Dimanche après-midi, deux alpinistes hollandais ont trouvé la mort dans le massif du Mont-Blanc. D'après l'enquête de la gendarmerie de Chamonix, cet accident aurait pu être evité si les deux victimes avaient soigneusement preparé leur ascension. En effet, le matériel utilisé par les deux alpinistes était en très mauvais état, notamment la corde dont la rupture a provoqué cet accident. Depuis le mois de juillet, plus de 30 personnes ont déjà trouvé la mort dans les Alpes Françaises. Nous recommandons aux alpinistes la plus grande prudence.
  - Plusieurs tonnes d'artichauts ont été déversées devant la sous-préfecture de Saint-Brieuc par les fermiers bretons pour protester contre la baisse des prix décidée par la commission agricole du Marché Commun réunie à Bruxelles.
  - La première journée du Championnat de Football de la nouvelle saison a été marquée par l'échec du champion de France, Nantes, face à Metz. En effet, les Nantais se sont inclinés devant l'équipe messine sur le score de 2 à 1. St. Etienne, par contre, a débuté victorieusement en allant battre Marseille sur son propre terrain.

6. Transmission d'un message téléphonique

a) - Allô?
  - Je voudrais parler à Madame Leclerc.
  - Elle n'est pas là aujourd'hui, Monsieur. Voulez-vous que je lui fasse une commission?

– Oui. Dites-lui d'appeler Monsieur Bernardet demain dans la matinée.
– Entendu, Monsieur.
– Merci, Mademoiselle.
– De rien.

b) – Allô?
– Allô, Janine?
– Non, c'est Catherine. Maman n'est pas encore arrivée.
– Ah, bonjour, Catherine. Ecoute, tu pourrais dire à ta maman que nous ne pourrons pas venir ce soir? Jacques est au lit. Il a 39 de fièvre.
– Ah! c'est dommage.
– Tu diras à ta maman que je la rappellerai. Au revoir, Catherine.
– Au revoir, Madame Lefranc.

c) – Allô?
– Allô, le Foyer International?
– Oui..
– Je voudrais parler à Mademoiselle Bertrand.
– Oh, elle vient de sortir à l'instant. Voulez-vous laisser une commission?
– Oui, dites-lui que Pierre Doublet l'attend demain à 8.30 h devant »La Source«.
– Entendu.
– Merci, Madame. Au revoir.
– Au revoir, Monsieur.

V. DEMANDE

2. Dialogues à une entrée (voir p. 22/23)

3. Dialogues

a) – Excusez-moi. Est-ce que vous pourriez me dire où se trouve la rue Lhomond?
– Ah, non, je regrette, je ne sais pas où elle est. Je ne suis pas du quartier. Demandez donc là-bas au kiosque à journaux.
– Pardon, Madame. Je cherche la rue Lhomond.
– La rue Lhomond? Je sais que c'est dans le quartier mais . . . il vaut mieux demander à un agent.
– La rue Lhomond, s'il vous plaît?
– Oh! c'est très simple, vous prenez la rue Soufflot jusqu'au Panthéon, vous tournez à droite et la rue Lhomond est la deuxième à gauche.
– C'est loin d'ici?
– Oh! non, c'est tout près, vous en avez pour 5 minutes.

b) – Le plein, s'il vous plaît.
– Du super ou de l'ordinaire?
– Du super. Est-ce que vous pourriez aussi vérifier le niveau d'huile?
– Oui, Monsieur.

– Et aussi la pression des pneus?
– Bien sûr, Monsieur. Il manque presque un litre d'huile.
– Bon, ben . . . ajoutez-en un litre.
– . . . voilà.
– Je vous dois combien?
– Ça fait, attendez . . . 65 F d'essence et 15 F le litre d'huile, ça vous fait 80 F.

:) – Bonsoir, Messieurs-dames. Vous avez réservé?
– Non, Monsieur.
– Vous êtes combien?
– Nous sommes 5.
– Attendez, je vais voir.
Pour l'instant il n'y a rien, mais j'ai une table qui sera libre d'ici 10 minutes, un quart d'heure. Vous voulez attendre au bar?
– Oui, d'accord, on aura le temps de prendre l'apéritif.

VI. CONFLITS ET RECLAMATIONS

2. Dialogues

a) – Monsieur . . .
– Qu'est-ce qu'il y a, Jacques?
– J'ai 5 fautes dans la dictée et j'ai un C et Michel, lui, il a aussi 5 fautes et il a un B. C'est pas juste.
– Montre-moi ta dictée. Ah! j'y suis! Michel a 5 fautes d'orthographe et toi, tu as fait 3 fautes d'orthographe et deux fautes de grammaire, alors tu comprends, je n'ai pas pu te mettre un B.
– Ah, bon, d'accord, Monsieur.

b) – Allô, le service de réclamations du Grand Magasin de France?
– Oui, Madame.
– Ecoutez, Monsieur, votre service après-vente me promet depuis 5 jours d'envoyer un technicien pour réparer ma télévision. Et personne n'est encore venu! C'est absolument inadmissible!
– Madame, en ce moment nous avons beaucoup de travail et nous . . .
– Oui, on m'a déjà dit ça. Je trouve scandaleux qu'une maison comme la vôtre n'ait pas un meilleur service après-vente. Pourtant dans votre publicité, vous parlez de dépannage immédiat, 24 heures sur 24.
– Mais Madame, nous . . . .
– Monsieur, permettez-moi de vous dire que je suis vraiment déçue et que je ne mettrai plus les pieds au Grand Magasin de France.

c) – Bonjour, Madame Lemercier. Vous avez encore entendu ça, hier soir? Vraiment, les Duval, ils exagèrent!
– Ah, ça oui! Avec tout ce boucan, je n'ai pas pu fermer l'œil avant 2 heures du matin.

45

- Ça ne peut pas continuer comme ça!
- Tiens, voilà Monsieur Duval qui descend.
- Bonjour, Madame Lemercier.
- Monsieur Duval, les voisins se sont encore plaints . . . .
- Et il y a de quoi! Ecoutez, Monsieur Duval, je vous préviens gentiment que la prochaine fois, ça ne se passera pas comme ça et si ça se reproduit, je suis décidée à appeler la police.
- Bon, bon, la prochaine fois on fera attention.
- Je veux bien vous croire mais en tout cas . . . vous voilà prévenu.

VII. TESTS ET EXERCICES DIVERS

3. Réactions spontanées

Essayez de réagir aux situations suivantes:
a) Quelqu'un vous traite d'imbécile. Comment réagissez-vous?
b) Vous êtes dans l'autobus et vous n'avez pas de ticket. Que dites-vous au contrôleur?
c) A la fin d'un repas, dans un restaurant, au moment de payer, vous vous rendez compte que vous n'avez pas votre portefeuille. Que dites-vous au garçon?
d) Vous avez invité un de vos amis à dîner. Le soir, il arrive avec quatre autres personnes que vous ne connaissez pas. Comment réagissez-vous?
e) Vous passez la soirée chez des amis. Il est tard. Vous êtes très fatigué. Vous avez envie de rentrer. Qu'est-ce que vous dites?
f) Pour votre anniversaire, votre patron vous offre un cadeau qui ne vous plaît pas du tout. Qu'est-ce que vous lui dites?
g) Vous avez réussi à traverser la frontière sans avoir déclaré les 30 litres de vin que vous transportiez dans le coffre de votre voiture. Qu'est-ce que vous dites 100 mètres après la frontière?
h) Vous avez perdu votre portefeuille avec tous vos papiers et une importante somme d'argent. Trois jours plus tard, un inconnu vient vous les rapporter. Qu'est-ce que vous lui dites?
i) Des amis français, croyant vous faire plaisir, vous invitent à manger des escargots que vous n'aimez pas beaucoup mais que vous mangez quand même, par politesse. Que dites-vous à vos amis qui vous demandent si ce plat vous a plu?
j) Qu'est-ce que vous dites à des Français qui vous déclarent fièrement qu'il n'y a qu'en France qu'on mange bien?

Imprimé en France par l'Imprimerie Nouvelle à Orléans. — 8631-9/1982.
Dépôt légal n° 5525-9-1982. — Collection n° 24 — Édition n° 04.
15/4592/0